LE ROYAUME

D'ARAUCANIE

ET LE CHILI

MEMORANDUM

DE S. M. ORÉLIE-ANTOINE Iᵉʳ

SOUS FORME DE LETTRE

EN RÉPONSE AUX ATTAQUES
DU CONSUL GÉNÉRAL DU CHILI A PARIS

PRIX : 50 CENTIMES

PARIS

LACHAUD, LIBRAIRE-ÉDITEUR
4, PLACE DU PALAIS-ROYAL, 4

1873

LE ROYAUME

D'ARAUCANIE

ET LE CHILI

LE ROYAUME D'ARAUCANIE ET LE CHILI

MÉMORANDUM

De S. M. ORÉLIE-ANTOINE Ier (de Tounens)

SOUS FORME DE LETTRE

EN RÉPONSE AUX ATTAQUES DU CONSUL GÉNÉRAL DU CHILI A PARIS

PARIS

LACHAUD, LIBRAIRE-ÉDITEUR

4, PLACE DU PALAIS-ROYAL. 4

—

1873

AU PUBLIC

Le Chili, voyant ses prétentions sur l'Araucanie à la veille d'être à jamais déçues, me
déclare une guerre à mort. Ses agents à l'étranger paraissent avoir reçu la mission d'égarer l'opinion publique. C'est en altérant la
vérité que l'on compte discréditer ma personne
et faire échouer les combinaisons commerciales
qui doivent faire de l'Araucanie une nation
chrétienne et civilisée.

Je combats pour la plus noble des causes; elle
se comprend avec le cœur autant qu'avec la
raison : c'est la cause du droit, de la justice, de
l'humanité. Il s'agit d'un peuple libre, que ses
ambitieux voisins ont délibéré froidement d'égorger pour s'emparer de ses territoires.

Poursuivant cette politique féroce, le Chili a
déjà répandu des flots de sang et amoncelé des
ruines, mais il n'a pas conquis le sol araucanien.

Après trois siècles, les Araucans se retrouvent debout, prêts pour de nouvelles luttes et toujours organisés en nation indépendante de fait comme de droit.

Tandis que l'œuvre de destruction s'efforce de triompher là-bas, on emploie ici d'autres moyens. Outre les espions dont on m'entoure, les piéges qu'on me tend, les obstacles qu'on me suscite et les insultes dont on m'accable, il se fait des tentatives désespérées auprès des gouvernements, avec la pensée de les rendre complices d'une mauvaise action. La sagesse des hommes d'État, aussi bien que le bon sens public, fera justice de ces tentatives. Nul ne consentira à léser le bon droit, à commettre des iniquités pour satisfaire de blâmables convoitises et de coupables haines.

Attaqué à Paris, attaqué à Londres par les agents du Chili, mon devoir était de prouver l'indignité de leurs outrages et l'inanité de leurs affirmations. A cet effet, j'ai publié dans le journal le Gaulois *le memorandum que j'imprime aujourd'hui en brochure, et j'ai adressé au* Times *une lettre qui en est le résumé succinct. Ces deux pièces, rédigées sur des documents irréfutables, imposeront silence à mes adversaires. Ceux-ci m'insulteront, ourdiront contre moi dans l'ombre, mais ils n'oseront pas, ils ne pourront pas me contredire ouvertement. Je les défie devant n'importe quel tribunal d'honnêtes gens ! Ils n'y viendront jamais, sachant d'avance qu'ils y seraient condamnés.*

Le memorandum *ci-après est soumis à l'appréciation du public. Il sera adressé à tous les gouvernements du monde civilisé. J'entends porter ainsi la lumière sur une question que mes adversaires se sont constamment appliqués à présenter sous un jour faux.*

Ce devoir accompli, je poursuis ma tâche avec l'aide de Dieu et — j'ose l'espérer — avec la sympathie de quiconque aime encore la justice et la vérité.

LE ROYAUME
D'ARAUCANIE
ET LE CHILI

A Monsieur Tarbé, rédacteur en chef du Journal Le Gaulois, *à Paris.* (1)

Je viens de passer six semaines en Angleterre, exclusivement occupé des intérêts de ma cause. Ainsi que vous l'avez annoncé dans votre excellent article du 2 avril, j'ai signé à Londres, avec un riche armateur anglais, un traité qui met à ma disposition tous les moyens d'établir entre mes États et l'Europe des relations d'amitié et de commerce qui doivent être une source d'avantages respectifs. Le 21 mars 1873, ce traité a été fait *(executed)* et scellé *(sealed)* en présence de témoins, c'est-à-dire avec toutes les formes exigées par la loi anglaise. Il a donc aujourd'hui une force, une autorité que la mal-

(1) Cette pièce a été publiée dans les nᵒˢ du *Gaulois* des 11, 12, 13, et 14 mai 1873.

veillance la plus opiniâtre lui contesterait en vain.

Profitant de mon séjour à l'étranger, M. Fernandez Rodella, consul général du Chili à Paris, a inséré dans le *Gaulois* du 10 avril une lettre offensante pour mon caractère, attentatoire à mes droits, nuisible à mes intérêts, et de tout point en désaccord avec la vérité.

Permettez-moi d'y répondre : je l'eusse fait plus tôt si je n'avais été obligé de prolonger une absence sur laquelle on fondait sans doute l'espoir de n'être point réfuté.

Et tout d'abord, je demanderai ce que signifie cette intervention d'un consul, dont les attributions sont limitées aux questions d'ordre commercial, lorsque le Chili entretient ici un agent politique ayant seul qualité pour agir en pareille occurrence? Ce dernier n'aurait-il point consenti à se charger de la besogne? Cela se conçoit et l'on ne pourrait que l'en féliciter.

« Avant tout, dit M. Rodella au début de sa
« réclame en faveur du Chili, je dirai *qu'il n'y*
« *a jamais eu et qu'il n'y aura jamais de*
« *royaume ni de roi d'Araucanie.* »

Pièces en main, je vais démontrer à quel point ces affirmations sont fausses. Il ne suffit pas d'user d'impudence pour avoir raison. C'est particulièrement avec des documents de source chilienne que je veux confondre mon audacieux détracteur.

Je prouverai que, depuis des siècles, l'Araucanie est *de droit* comme *de fait* INDÉPENDANTE, et que ses peuples m'ont librement donné le titre de Roi.

Avant la découverte de l'Amérique, le continent américain était en la possession des peuples auxquels on a donné le nom d'Indiens.

L'Espagne établit sa domination sur une grande étendue de territoire. Le gouvernement espagnol divisa alors ses possessions en vice-royautés, lesquelles étaient subdivisées en capitaineries. Le Chili formait une des capitaineries dépendant de la vice-royauté du Pérou.

Au sud du Bio Bio est l'Araucanie, possédée par des indigènes dont l'origine remonte bien au delà de la découverte de l'Amérique.

Ce peuple s'est toujours vaillamment défendu contre l'invasion des Espagnols. En 1793, un traité solennel fut signé à Negrete entre le gouvernement espagnol et les Araucaniens, en vertu duquel leur indépendance était formellement reconnue.

Un représentant araucanien devait résider à Santiago, capitale de la capitainerie espagnole.

En 1811, la colonie espagnole chilienne commença la guerre d'indépendance contre la mère patrie. Cette guerre dura de longues années ; enfin, ladite colonie finit par se constituer indépendante, et, dans le premier article de sa Constitution qui remonte à 1833, elle s'est attribué *arbitrairement* tout l'ouest de la Cordillière des Andes, depuis le désert d'Atacama jusqu'au cap Horn.

Un autre article de la même Constitution porte que celle-ci n'a pas d'effet là où les autorités chiliennes ne sont point établies. Il était d'ailleurs inutile de formuler cette réserve. Une puissance quelconque peut toujours s'asservir *sur le papier* des puissances voisines, mais le fait a besoin de consacrer de telles décisions pour qu'elles aient une valeur. Seule, la possession doit, en pareil cas, confirmer la prétention. Ceci est de stricte logique.

Pendant des siècles, les souverains d'Angleterre ont pris dans les actes officiels le titre de rois de France ; quoique cette souveraineté fût tout à fait fictive, on ne soutenait pas moins de l'autre côté du détroit que notre pays n'était qu'une simple province anglaise. C'est en vertu de cet étrange principe que le Chili affirme dans sa Constitution et soutient aujourd'hui encore que l'État araucanien constitue une province chilienne, oubliant qu'il faut d'abord conquérir les territoires qu'on prétend posséder. C'est là l'affirmation d'un fait faux. Il est facile de le prouver en rappelant que l'indépendance politique de l'Araucanie a été reconnue à diverses époques par des traités au nombre de dix.

Le dernier, je l'ai dit plus haut, a été signé à Negrete en 1793 entre les indigènes et les délégués du gouvernement espagnol. Cet acte diplomatique, établissant la complète indépendance du peuple araucanien, appartient à l'histoire; on le trouve mentionné dans le *Mercure* de Valparaiso du 19 janvier 1864.

La guerre acharnée faite aux Araucans pour leur voler leur territoire est donc une guerre de pure convoitise, absolument contraire au droit.

En 1856, les Républiques du Chili et de la Plata conclurent un traité de commerce, et dans l'article 32 elles stipulèrent que, si l'une d'elles entreprenait des expéditions contre ses voisins les Araucans et les Patagons, elle devrait, au préalable, en donner avis à l'autre.

En 1859, les journaux chiliens provoquèrent la guerre contre les Araucaniens. On trouve dans le *Ferrocarril* des 20, 23, 24, 26 et 27 mai un article intitulé : *Conquête d'Araucanie.* On y reconnaît que, depuis la découverte de l'Amérique, on n'a jamais pu soumettre les Araucans, et, pour s'approprier leurs riches territoires, on demande LEUR EXTERMINATION ! Le numéro de ce journal du 8 juin 1859 reproduit un article indigné de la *Revue Catholique* de Santiago ayant pour titre : *Indépendance de l'Araucanie.*

Nous croyons utile d'en citer quelques extraits :

Il existe au sud du Chili, dit-il, un fertile, grand et beau territoire encore peuplé par tant de milliers de nobles enfants de Canpolicani de Lantora ; beau monument de la lutte héroïque soutenue pendant plus de deux siècles par une poignée de barbares, idolâtres de leur indépendance et de leur liberté, contre le pouvoir envahissant des monarques espagnols qui prétendaient obstinément leur enlever leurs droits et les soumettre à leur domination. Cette race de héros, qui inspira des poëtes, qui prodigua son sang avec enthousiasme pour la défense de sa chère patrie, parvint à soustraire son front orgueilleux au joug espagnol.

Elle sut, au prix de son sang, conserver son *terri_toire*, son *indépendance* et sa *liberté*... Enfin, l'héroïsme araucanien d'une part et les progrès de la civilisation de l'autre arrivèrent à sceller par des *traités solennels* l'indépendance araucanienne...

Les années ont passé respectant l'indépendance des Araucans jusqu'à ce que, en plein dix-neuvième siècle,

alors que le mot *conquête* se trouve rayé du dictionnaire de la civilisation, sous le règne de la République
et de la démocratie, nous voyons la presse plaider ouvertement et sans pudeur que les soldats de la République
doivent marcher sur le territoire araucanien *pour y
consommer l'œuvre abominable* de la conquête à main
armée. Cette étrange aberration a ému tous les cœurs
nobles et généreux.

Cet article de la *Revue catholique* contient
des passages remarquables où il fait ressortir
les *droits* des Araucans à vivre libres, où il les
appelle des *héros* qui *refusent d'incliner* leur
tête *altière*, et que l'on veut égorger pour *exé-
cuter* le *vol* de leurs *propriétés*.

Néanmoins, cédant aux suggestions de la
mauvaise presse, en 1860 et 1861, le gouvernement chilien fit la guerre aux Araucans avec
l'espoir de les réduire, mais une fois de plus il
fut repoussé.

Les journaux chiliens du temps, après avoir
poussé à la guerre, constatent avec tristesse
ces échecs. Le *Mercure*, publié à Valparaiso, dit
notamment dans un long article du 23 février
1861, intitulé : *Guerre d'Araucanie* :

Pourquoi 7,000 hommes aguerris et sous le com-
mandement de bons officiers, n'ont-ils pu, jusqu'à présent, rien faire de notable sur des hordes sauvages sans

tactique et manquant de tout?... Les forces de la République sont-elles moins nombreuses, moins disciplinées, moins vaillantes que les troupes espagnoles qui conquirent tout le territoire que nous possédons et encore une partie de celui que les Araucaniens occupent? Nous ne pouvons ni ne devons rabaisser le mérite du soldat chilien, courageux à la fatigue, terrible dans la bataille: mais alors d'où viennent ces indécisions, cette guerre sans résultats, sans bien et sans victoire? Les faits d'armes de nos troupes consistent-ils, par exemple, à faire prisonniers quelques animaux? N'est-ce pas une chose risible, ridicule, que le compte-rendu qu'on nous communique? Voulons-nous faire le vandalisme et expliquer ainsi les opérations de notre armée par quelques vols de bestiaux? Les bataillons de la République sont-ils des hordes de *gavachos* qui cherchent le pillage?

Nous ne comprenons rien aux résultats de cette campagne quand ils sont aussi minimes, aussi tristes, aussi misérables, aussi honteux! Aujourd'hui l'armée chilienne se replie sur les frontières, et, à ce qu'on dit, elle n'entreprendra pas de campagne jusqu'à l'année prochaine. »

Veut-on être convaincu des échecs du Chili? Voici un extrait d'une correspondance insérée dans le journal la *Discussion*, de Concepcion, datée du 29 avril 1861, et reproduite par le *Mercure* du 9 mai?

... Qui a gagné dans la guerre qui vient d'avoir lieu? Ce sont les indigènes, car, avant la guerre, la population chilienne possédait une étendue de plusieurs lieues au sud de Bio Bio, à l'endroit appelé la Haute-

Frontière et quelques lieues au sud d'Arauco, ce qui se nomme la Basse-Frontière. A présent, les Indiens sont maîtres de tout le territoire jusqu'au Bio Bio dans sa partie haute et dans sa partie basse. Nous perdons donc une étendue très-considérable de terres qui, avant 1859, étaient occupées par les Chiliens et passablement cultivées. Quels résultats ont produit les sacrifices énormes que le Chili a faits pour soutenir une armée aussi nombreuse ?

Quel but ont eu les expéditions qui se sont faites et ont coûté un nombre si considérable de victimes? Ç'a été pour ravager les champs, incendier des maisons, des récoltes et emmener les troupeaux des Indiens, afin que les chefs de ces expéditions s'en enrichissent... Que de barbaries!... Que d'inhumanités !... On dit que l'on va réduire l'armée, ce qui signifie que la frontière restera dans l'état où elle se trouve, c'est-à-dire *avancée*, non point en notre faveur, mais bien en faveur des aborigènes. C'est là que sont venues s'arrêter les bravades des messages du Président de la République demandant des facultés extraordinaires pour faire la guerre aux Indiens.

Pour mieux comprendre et mieux apprécier encore l'importance de l'insuccès du Chili, il est nécessaire de constater que, d'agresseur qu'il était, il crut prudent de prendre la défensive et de pourvoir à sa sûreté. »

Le 20 octobre 1861, la chambre législative chilienne, *sur la demande du gouvernement,* vota 250,000 francs pour *fortifier la frontière d'Araucanie.* Le *Mercure,* de Valparaiso, numéro du 4 septembre 1861, reproduit un article du

Courrier du Sud (chilien) relatif à la réunion d'un parlement ou conférence politique projeté entre les Indiens et les Chiliens sur la place de San Carlos de Puren.

Ainsi, après avoir été refoulés, les Chiliens ont fortifié leurs frontières et sont entrés en arrangement avec les Araucans pour avoir la paix. Et cela est tellement incontestable que le même journal, dans son numéro du 17 novembre 1861, insère une dépêche adressée par le ministre de la guerre au commandant d'armes d'Arauco pour lui recommander de persuader, le jour de la réunion du prochain parlement, aux chefs des tribus araucaniennes, que le *désir du Chili et de ses autorités est de vivre en perpétuelle paix et amitié avec les indigènes.*

Est-ce que c'est là ce que l'on appelle un pays conquis?

S'efforce-t-on ainsi à traiter de la paix avec une province à soi qui s'est insurgée?

Et, qu'on le remarque bien, cette paix le Chili la demande sans relâche.

Le numéro du *Mercure* du 21 novembre 1861 annonce que le gouverneur de Nacimiento ayant envoyé un parlementaire aux caciques d'Araucanie pour les inviter à un parlement afin de conclure la paix, le cacique Melin refusa de le recevoir parce qu'il ne venait pas directement de la part du gouvernement, c'est-à-dire d'une hiérarchie assez élevée.

L'auteur de l'article rappelle que cette coutume date de l'époque coloniale. « Alors, dit-il, les mandataires du roi d'Espagne assistaient personnellement aux entrevues solennelles avec les Araucaniens, et c'était au nom du roi qu'ils arrêtaient les traités. »

Ceci met à néant les audaces historiques de M. le consul du Chili à Paris. Pourtant ce n'est pas tout. Le *Ferrocarril*, feuille semi-officielle publiée à Santiago, contient une longue discussion de la Chambre législative chilienne, consacrée à l'Araucanie, en 1862. Dans le cours de cette discussion, le ministre de l'intérieur avoue que l'autorité du Chili *n'a point encore pénétré* sur le territoire araucanien.

Que devient alors l'article Ier de la constitution de 1833?

Dans le numéro du 3 septembre 1864, le même journal publie le compte-rendu d'une nouvelle discussion de l'Assemblée législative sur le même sujet et discute un projet de loi intitulé : *Projet d'achat de l'Araucanie par le Chili.*

Depuis quand achète-t-on ce que l'on affirme

possédor?... Le *Ferrocarril* du 18 octobre 1866 publie un article intitulé : *l'Ambassade de l'Araucanie.*

On y voit le président de la République chilienne recevant officiellement une ambassade araucanienne. Est-ce assez concluant?...

Il est facile de voir par ces citations que le Chili reconnaît l'indépendance de l'Araucanie, consacrée d'ailleurs par les *actes diplomatiques* de 1775 et de 1793, et qu'il fait des traités avec les Araucans.

L'Araucanie n'est donc point une province chilienne, mais un pays indépendant.

En ce cas, il est patent que le consul général du Chili à Paris et son collègue de Marseille ont tenté d'égarer l'opinion publique en altérant la vérité.

Les journaux cités ici ne sauraient être suspects. Ils sont tous chiliens, et l'un d'eux est l'organe officieux du gouvernement. Voilà donc tout un ordre d'allégations du fonctionnaire chilien réduit à sa juste valeur. Mais allons plus loin pour dissiper jusqu'à l'ombre d'un doute.

En 1864, le gouvernement de Santiago, désespéré de ne pouvoir soumettre les Araucaniens, élabora un projet de loi ayant pour objet d'exproprier l'Araucanie *pour cause d'utilité publique*, c'est-à-dire de chasser les Indiens, de les tuer comme des bêtes farouches, de s'emparer de leur territoire et d'y établir des populations chiliennes. Cette loi, portée devant les Chambres en 1864, ne fut votée que le 4 décembre 1866. (Voir le *Ferrocarril* du 9 décembre 1867.)

En vertu de cette loi, le gouvernement chilien a porté sa frontière sur les bords de la rivière Malleco. Depuis lors, il n'a point franchi cette limite que la prudence l'oblige à conserver. Sa frontière est protégée par une ligne de forts assez rapprochés les uns des autres pour que les boulets des canons qui garnissent ces forts s'entrecroisent; c'est tout un système de défense qui ne ressemble guère à une possession de territoire.

Non, l'Araucanie n'est point et ne sera jamais une province chilienne, comme le prétend M. Rodella. Il s'agit ici d'un fait historique, géographique, connu de tout le monde, et par cela même facile à vérifier. Ce fait est indéniable. On en a du reste la preuve dans ce que le gouvernement du Chili, la presse chilienne, en un mot tout ce qui est chilien est incessamment obsédé par le rêve de la conquête de l'Araucanie. Tous les représentants des puissances étrangères au Chili, tous les Européens qui ont habité ou habitent encore ce pays sont en situation pour témoigner de la vérité de ce fait, qu'attestent d'ailleurs unanimement les historiens, les géographes, les voyageurs.

Que l'on consulte Malte-Brun, Grégoire, Bouillet, Dumont d'Urville, Bescherelle, etc., etc.

« La ville forte d'Arauco, dit Grégoire, est destinée à *résister* aux Araucaniens. »

On n'a pas besoin de résister à ce qu'on possède. On peut donc croire les agents diplomatiques, les voyageurs, les géographes, les historiens et les feuilles du Chili, quand les uns et les autres attestent hautement, unanimement, que l'Araucanie est indépendante *de droit* comme *de fait*, et qu'elle n'est point une province chilienne.

En présence de ces témoignages, de ces affirmations, on comprend que des aspirations sont loin d'être des réalités, que l'ombre n'est nullement la proie.

Du moment qu'il est établi que l'existence indépendante de l'Araucanie est consacrée par des traités ; du moment aussi qu'il est démontré que le Chili n'a jamais pu conquérir ce pays, il ressort de ce double fait que ledit Chili ne saurait invoquer justement, à l'appui de ses prétentions, ni le droit de la force ni la force du droit.

***

Documents établissant que l'Araucanie et la Patagonie se sont constituées librement en monarchie en faveur d'Orelie-Antoine I, avec hérédité à perpétuité.**

1° Les décrets en date des 17 et 20 novembre 1860, établissant les bases des institutions monarchiques du royaume.

Ces décrets ont été sanctionnés par les peuples d'Araucanie et de Patagonie, les 25, 26, 27 et 29 novembre 1861;

2° Le *Mercure,* de Valparaiso, du 27 décembre 1860, qui publie les pièces officielles et donne pour titre à cette insertion : *Chronique nationale :*

« Une monarchie en Araucanie.
« Orelie-Antoine 1er, s'anticipant, dit ce journal, à
« prendre possession du territoire que nous voulions
« nous approprier, coupe ainsi le vœu de nos aspi-
« rations; »

3° Le procès que m'intenta le gouvernement chilien, après m'avoir, au mépris de tout droit, enlevé par surprise de mon royaume ; procès dont la minute est déposée aux archives des Anjèles (Chili). Les témoins qui furent entendus dans l'enquête déposent tous que les Indiens me reconnurent pour leur chef avec le titre de roi.

L'un de ces témoins, J.-B. Rosalès, déposa en ces termes le 5 janvier 1862 :

« Le cacique et les Mocetons répondirent
« avec une joie bruyante qu'ils reconnaissaient
« pour leur roi Orelie-Antoine 1er, qui était pour
« eux le roi dont l'avénement leur avait été
« annoncé autrefois par le cacique Magnil. A
« partir de ce moment, le cacique Leviou et
« ses Mocetons ne cessèrent de le traiter en
« roi. »

Le même témoin dépose encore que, dans une autre assemblée, « le cacique Guentecol répondit, au nom de tous les membres de l'assemblée qu'il présidait, qu'on l'agréait pour roi, et tous crièrent : « Vive le roi ! »

J'ai d'ailleurs publié les documents de ce singulier procès dans mon ouvrage intitulé : *Orelie Antoine* 1er. Il ressort clairement de toutes ces pièces, de tous ces témoignages, des actes mêmes des agents chiliens, des articles des journaux du Chili, aussi bien que de ma situation au milieu des Indiens Araucans et Patagons, que j'ai été véritablement acclamé et proclamé roi. En agissant ainsi, ces peuples indépendants ont usé du droit le plus sacré, qui est de disposer de soi-même et de son bien ;

4° Un décret rendu le 7 janvier 1862 par la commanderie d'armes d'Arauco et qui est ainsi conçu : « *Gratification*. — A la date du 15 du présent mois a été décrété ce qui suit : Est approuvé le décret rendu le 7 courant par la commanderie d'armes d'Arauco, enjoignant à la lieutenance des ministres de Nacimiento de mettre à la disposition du gouverneur du département de ce nom la somme de 250 piastres « pour récompenser le détachement « qui s'empara sur le territoire araucanien de « l'intitulé : Orelie-Antoine 1er, prince de Tou- « nens, » cette somme devant être prélevée sur la partie 41° du budget du ministère de la guerre.

Signé : Pérez,
Président de la République.

M. Garica,
Ministre de la Guerre. »

5° Des lettres diplomatiques du gouvernement français et autres qui confirment ma captivité aux Anjèles (Chili);

6° Les mémoires et pétitions que j'ai adressés au gouvernement français, au Sénat, à la Chambre législative;

7° La protestation de M. Rosalès, représentant du Chili en France, publiée dans l'*Opinion nationale* du 18 juin 1865;

8° Ma proclamation à mes sujets en date du 17 décembre 1869, publiée dans la *Couronne d'acier* du 12 octobre 1872;

9° La réponse des Indiens, datée du 17 décembre 1869, et publiée dans le même journal du 19 octobre 1872;

10° Deux dépêches du général Pinto, commandant en chef des troupes chiliennes de la frontière chilo-araucanienne, datées d'Angol, le 1er février 1870. Par ces dépêches, il demande aux chefs araucans de lui *livrer leur roi Orelie-Antoine*, et, faute de ce faire, il leur déclare *officiellement* la guerre;

(Voir la *Couronne d'acier* du 26 octobre 1872.)

11° Réponse, par les Araucaniens, à l'*ultimatum* du gouvernement chilien, datée de

Perquencot (Araucanie), le 5 février 1870 ;
(Id. 2 novembre 1872.)

12° Office du général Pinto adressé au cacique Marioualen, daté d'Angol, le 15 février 1870. Le chef des troupes chiliennes cherche à corrompre un des ministres du roi en le nommant gouverneur des *Arribanos;*
(Id. 9 novembre 1872.)

13° Réponse du cacique Marioualen au général Pinto, en date du 18 février 1870 ;
(Id. même jour.)

14° Lettre du général Pinto au même chef Marioualen, en date du 23 février 1870. Il y est dit : « Que les troupes chiliennes sont parties « pour faire la guerre aux Araucaniens s'ils ne « livrent pas celui qu'ils intitulent leur roi « Orelie-Antoine ; »
(Id. même numéro.)

15° Dépêche du général Pinto au cacique Marioualen, où il reconnaît la souveraineté d'Orelie-Antoine Ier, en disant (1er mars 1870) : « Cette guerre, qu'il m'a tant coûté d'accepter « lorsque *le Roi de Quilapan* (1) me l'a pro- « posée, *je la* regrette. »
(Id. 16 novembre 1872.)

(1) Quilapan est le ministre de la guerre de S. M. le roi d'Araucanie.

16° Autre dépêche officielle du général Pinto à Marioualen, en date du 1ᵉʳ mars 1870, où il est dit : « Qu'il a donné l'ordre pour qu'une « division commandée par Sevin Arriagada « pénètre sur le territoire araucanien en persé- « cution de l'intitulé roi Orélie-Antoine Iᵉʳ et « des caciques qui l'ont proclamé et qui « l'appuient ; »

(Id. 16 novembre 1872.)

17° Lettre du même général Pinto à Marioualen, datée d'Angol, le 4 mars 1870. Pour le corrompre, il lui « offre un bon traitement mensuel. » Inutile de répéter que ces offres furent constamment repoussées.

(Id. même numéro.)

Le consul du Chili, après avoir mentionné l'article 1ᵉʳ de la Constitution chilienne, dit : « Cette déclaration constitutionnelle devrait suffire pour affirmer les titres du Chili à la légitime possession d'un territoire que ne lui ont jamais contesté les nations civilisées qui, depuis soixante ans, ont reconnu la république du Chili. »

Les puissances étrangères n'avaient point à se préoccuper de décisions qui ne touchaient à aucun de leurs intérêts. Les Chiliens pouvaient, selon leur bon plaisir, s'attribuer toute l'Amérique; cela ne leur importait guère tant que les choses n'allaient pas plus loin.

Cet article de leur Constitution est donc une lettre morte.

Lorsqu'ils ont tenté de faire valoir les droits qu'ils se sont si cavalièrement octroyés d'un trait de plume, ils se sont heurtés à des difficultés qu'ils ne sont jamais parvenus à vaincre. Et pourtant ont-ils reculé devant les moyens les plus barbares?... N'ont-ils pas résolu froidement et entrepris la complète extermination d'une nation entière parce qu'elle ne veut pas se soumettre?... N'ont-ils pas réduit en esclavage, sous la qualification d'*inquilino*, les Indiens qui, confiants en leurs menteuses promesses, se sont livrés à eux?... Des flots de sang ont coulé des deux parts. Il en coulera encore, car la race vaillante des Araucans ne fléchira jamais devant ses cruels adversaires.

M. Fernandez Rodella dit aussi : « Cette province d'Araucanie, enclavée dans deux de nos plus belles et considérables provinces du Sud, et dont on veut faire le berceau d'une monarchie, se trouve soumise au régime administratif établi dans toute la République du Chili. »

L'Araucanie n'est point enclavée dans le Chili. Elle a environ cent lieues de côtes sur l'Océan Pacifique. On y peut arriver par mer de ce côté, et par terre du côté des Cordillières des Andes, qui la séparent de la Patagonie. Voilà ce que M. Rodella devrait savoir, et, s'il le sait, pourquoi déclare-t-il le contraire?

Le prétendu régime administratif établi en Araucanie n'a jamais dépassé les limites du papier. C'est un projet qui sommeille dans les bureaux du gouvernement chilien. Les *Gobernadores* et les *Intendentes* se tiennent prudemment sur la frontière, attendant le jour rêvé où la conquête du pays leur permettra de prendre possession de leurs postes.

Les journaux de l'Amérique du Sud nous annoncent de temps à autre qu'il n'est guère *administré*, en Araucanie, que des coups aux Chiliens, lorsqu'ils s'aventurent au delà des frontières qui les protégent.

Donc, ce régime idéal n'est ni ne peut être appliqué en Araucanie. Si les autorités chilienne eussent été établies dans le pays, le gouvernement chilien n'aurait pas eu besoin de *déclarer la guerre* en 1870 aux Araucans, pour obtenir d'eux la remise du roi Orelie-Antoine Iᵉʳ, ainsi que le constate la longue correspondance actuellement entre mes mains et qui sera produite en temps utile.

Il en a déjà été cité plus haut quelques pièces d'un caractère très-net et très-péremptoire.

Le consul dit ensuite : « Quant au littoral, il est occupé par de paisibles populations indigènes et par des garnisons de l'armée régulière. Le gouvernement chilien répond, dans les cas de sinistres maritimes, de la sécurité personnelle des naufragés, comme de tous les délits que pourraient commettre les indigènes. »

Si les populations sont aussi paisibles qu'on les représente, pourquoi entretenir des garnisons très-dispendieuses? — Il est vrai qu'une partie du littoral a été prise, mais non pas la totalité, tant s'en faut.

En ce qui concerne les garanties des sinistres maritimes, la sécurité personnelle des naufragés, ainsi que les autres délits, tout cela est notoirement faux.

Le gouvernement chilien dit à ceux qui s'aventurent sur les frontières d'Araucanie : « Vous savez à quoi vous vous exposez ; c'est à « vos risques et périls ; je ne puis rien pour « vous protéger. »

Parlant de la population de 2,500,000 habitants, mon contradicteur déclare, en forçant beaucoup les chiffres, que ce serait sans doute tout le Chili que j'entends constituer en monarchie. Ce n'est là qu'une plaisanterie vraisemblablement, car il sait, ou devrait savoir, qu'il s'agit ici, non de la population chilienne, mais de la population de l'Araucanie et de la Patagonie réunies. Il en est de même de 800 lieues de côtes qui s'appliquent à ces deux contrées.

Il continue en disant : « Des rives du Bio-Bio jusqu'au rivage de la rivière Malleco, c'est-à-dire sur une étendue de 80 milles dans la direction du sud, on ne rencontre pas un seul Indien. »

Les pièces authentiques mentionnées établissent que c'est sur les bords du Malleco que le Chili a porté sa frontière. « Cependant, ajoute-t-il, il existe dans la province d'Araucanie une tribu, une seule, qui ne vit que de rapines. »

En réponse à cette allégation, je reproduis quelques extraits des journaux chiliens au sujet de la fameuse campagne contre les Araucaniens en 1861.

Extrait du *Mercure* du 11 février 1861 :

On a brûlé aux Indiens toutes les maisons et le blé qu'on a rencontré, ça n'a pas été peu!

L'unique guerre possible avec ces barbares, et qui donne des résultats sûrs, c'est la destruction de leurs ressources. Les semences perdues nous promettent une paix durable pour plus ou moins longtemps et peut-être les Indiens demanderont-ils la paix avant l'hiver.

Voici un autre extrait du même journal du 26 février 1861 :

On évalue à 5,000 fanegas (la fanega représente un peu plus que l'hectolitre) le blé que la division seule du commandant Salvo a brûlé. Le bétail qu'on a pris aux sauvages s'élève à environ 80,000 têtes.

Ce ne seraient pas, d'après ce bulletin, ceux que l'on appelle des sauvages qui ont des titres à cette qualification, mais bien plutôt les Chiliens, véritables Vandales et pillards en la circonstance, comme en tant d'autres.

Le consul chilien dit encore, avec le plus grand sérieux : « Cette tribu compte au maximum 800 lances. » C'est peu ! La vérité est que l'Araucanie indépendante, toujours en armes, soit pour l'attaque, soit pour la défense de ses droits, possède à elle seule, c'est-à-dire sans compter la Patagonie, au moins 30,000 lances. Est-il permis d'en douter quand on voit l'inutilité des efforts du Chili pour la soumettre?...

Il poursuit : « Elle s'insurge parfois, mais

elle est bientôt réduite à l'impuissance par les autorités nationales, et ses Caciques se voient forcés, de temps en temps, de reprendre le chemin de la capitale pour implorer la miséricorde du gouvernement. »

Voyons ce qu'il y a de vrai dans cette assertion pleine de forfanterie ridicule.

Voici un extrait de la discussion qui eut lieu à la Chambre législative chilienne, le 20 octobre 1861, à l'occasion de la somme demandée par le gouvernement pour « fortifier la frontière d'Araucanie. » Le député Vergara dit en résumé : « Il y a un peu plus de trois siècles que « des hommes civilisés s'occupent de réduire « les tribus barbares de l'Araucanie ; mais la « valeur, la ténacité des Indiens opposent une « barrière invincible... Tous les gouverne- « ments qui se sont succédé au Chili ont échoué « contre elle. »

On voit qu'il n'est pas aussi facile que le prétend M. le consul du Chili de réduire les Araucaniens à l'impuissance.

Ce n'est pas tout.

Voici un extrait de la discussion de la Chambre législative chilienne au sujet de la loi votée pour exproprier l'Araucanie. Le *député Vicuna Makenna* dit : « Il s'agit de l'œuvre la plus im-

« portante qu'il soit donné aujourd'hui aux Chi-
« liens d'entreprendre : celle d'achever la pa-
« trie, celle d'incorporer dans la nationalité
« chilienne la *sauvage* mais *puissante nationa-*
« *lité araucanienne*, qui, en principe, est une
« seule ; mais, en fait, elle est encore très-loin
« d'être la vérité. »

Le même député dit encore : « Soyons
« francs. Tant la commission du gouvernement
« que les auteurs du contre-projet ont eu peur
« de violer la Constitution en dépassant le Mal-
« leco ; mais je demande si la Constitution est
« effective en Araucanie... Qui pourrait l'af-
« firmer?... Et, si elle n'est ni effective, ni con-
« nue, ni acceptée, comment peut-on la vio-
« ler? » *(Ferrocarril* du 2 septembre 1864.)

N'est-il pas évident, une fois de plus, que
le Chili ne réduit pas les Araucans à l'impuissance comme l'affirme avec tant de désinvol-
ture M. le consul du Chili à Paris.? C'est
qu'aussi, et leurs ennemis le reconnaissent les
premiers, ils ne sont point commodes, les Indiens d'Araucanie!... C'est, dit un géographe
contemporain (1) : « un peuple sauvage, puissant
et belliqueux, qui a su conserver son indépendance dans les Andes et au sud du Chili ; ils

(1) Grégoire. *Dictionnaire géographique,* 1871.

se nomment Moluches, guerriers, ou Aucas, hommes libres. »

J'arrive à la prétendue miséricorde implorée humblement par les caciques auprès du gouvernement chilien, qui se montrerait magnanime. Il n'en est rien. C'est tout simplement un rêve de M. Rodella. Si parfois les chefs de quelques tribus se rendent à Santiago, c'est uniquement à l'effet de conclure des traités auxquels on les convie. En pareil cas, le gouvernement n'a d'autres préoccupations que d'amuser les braves Indiens et, finalement, de les tromper pour arriver au but de ses ardentes convoitises.

Par l'inanité des résultats obtenus, je pense avoir suffisamment démontré que ces petits moyens diplomatiques n'ont guère plus avancé les affaires du Chili que les batailles sanglantes livrées par ses preux soldats.

Le consul chilien continue : « Cette peuplade indisciplinée a toujours été traitée avec une grande indulgence par le gouvernement de Santiago ; mais si le Chili avait la moindre crainte à concevoir pour son autonomie, la question serait résolue sans beaucoup d'efforts, en quelques semaines. »

Donc, le Chili maintient la situation présente

parce qu'il le veut bien. Elle lui plait ainsi. Cela occupe son armée. Dès qu'il changera d'avis, ce sera vite fait. Hé bien! n'en déplaise à M. Rodella, ce ne sont pas là des arguments sérieux, et il faudrait être naïf pour s'y arrêter.

Au surplus, l'inflexible histoire est là qui fait bonne justice de ces plaisantes affirmations; elle parle et témoigne suffisamment de la singulière indulgence du gouvernement de Santiago à l'égard des Araucaniens. Ses pages sont ruisselantes de sang, noircies par les flammes des incendies; elle ne raconte que meurtres, pillages, dévastations. C'est elle que l'on doit croire, car elle seule est véridique.

L'agent commercial chilien reconnaît lui-même que depuis le fleuve Bio Bio jusqu'au *Malleco, nouvelle frontière,* il n'existe plus un seul Indien. En application de la loi d'expropriation, ils ont tous été, non sans peine, refoulés au-delà de cette limite, qui désormais est infranchissable pour le Chili. Qu'on ne parle pas d'indulgence. Le gouvernement chilien n'en a point, n'en a jamais eu. Tout ce qu'il a pu détruire, il l'a détruit; tout ce qu'il a pu prendre, il s'en est emparé. Sa conduite a été sans pitié, mais elle a fortifié dans le cœur des Indiens un légitime besoin de représailles; ce sentiment les élève au-dessus de toute crainte, il les rend invincibles.

Quant à l'autonomie du Chili, elle n'est point menacée, comme on feint de le croire. Les Araucans entendent conserver la leur en respectant celle de leurs voisins. Ils veulent être indépendants dans l'avenir comme ils l'ont été dans le passé et comme ils le sont dans le présent. Toujours prêts à la lutte, ils aimeraient la paix et sont disposés à faire des traités d'amitié et de commerce avec les autres nations.

La pensée immuable de leur souverain est de mettre un terme aux guerres désastreuses qui désolent et ensanglantent depuis des siècles ces belles contrées, si riches d'avenir !

Librement élu et acclamé par mes peuples, je n'ai rien à redouter des menaces qui couronnent si dignement la lettre du consul du Chili, menaces qui prouvent une fois de plus que la royauté araucanienne, basée sur le droit, est un obstacle redoutable aux projets ambitieux du Chili ; que si, chez nous, l'on a ri de cette royauté, l'on n'en rit pas de l'autre côté de l'Atlantique.

Puisqu'on m'en fournit l'occasion , je proteste ici de toutes mes forces contre la violation du traité de 1793 ; et j'entends que ce traité solennel conserve son absolue intégrité, c'est-à-dire que la ligne de frontières du royaume d'Araucanie garde pour limite, au nord, le fleuve Bio Bio; tout empiètement sur cette limite admise et acceptée constituant un acte attentatoire aux droits reconnus et consacrés de mes peuples.

En résumé, des faits exposés dans la présente lettre, des documents cités à l'effet d'en établir l'exactitude, de ceux qui seront ultérieurement produits, s'il est besoin, résulte clairement :

1° Que jamais, de leur propre aveu, les Chiliens n'ont pu soumettre les Araucans, qui restent *peuple libre* et *indépendant;*

2° Qu'il existe une ligne de frontières protégée par des forts entre le Chili et l'Araucanie, ce qui exclut surabondamment toute idée de possession de ce pays par la république chilienne;

3° Que les Araucaniens et les Patagons m'ont élu pour leur *chef suprême* avec le *titre de Roi;*

4° Qu'en conséquence, les assertions et déclarations publiées par M. Fernandez Rodella, dans le numéro du *Gaulois* du 10 avril, et reproduites dans le *Citoyen* de Marseille, du 16, à l'instigation de M. Albert Armand, consul chilien en cette ville, mais citoyen français, sont controuvées en ce qui touche les faits historiques, et calomnieuses à mon égard.

Ceci dit, je poursuis mon œuvre avec calme, sans défaillances, combattant au grand jour et le visage découvert ceux qui conspirent contre moi dans l'ombre. La réponse que je viens de soumettre au tribunal de l'opinion publique était nécessaire, du moment que l'on conteste la légitimité de mon droit et que l'on représente mes peuples comme asservis à des maîtres, eux qui, au contraire, n'ont jamais laissé impunément pénétrer l'étranger sur le sol sacré de la patrie ; elle était indispensable en présence des attaques acharnées, odieuses, d'adversaires qui — je le sais — ne reculent devant aucun moyen violent et occulte pour m'abattre, parce que je suis un vivant obstacle à leurs desseins aussi injustes qu'ambitieux.

Recevez, je vous prie, Monsieur le rédacteur, l'assurance de mes sentiments de haute considération.

ORELIE-ANTOINE Ier

(Roi d'Araucanie et de Patagonie ou *Nouvelle-France*

DÉCLARATION

Avant de clore cet écrit, je tiens à dissiper plusieurs erreurs, qui circulent dans le public et que mes ennemis se sont efforcés d'entretenir.

La première est celle-ci. On s'imagine que j'offre l'Araucanie et la Patagonie à la France ou à l'Angleterre en retour du concours dont j'ai besoin. Partant de ce point de vue, on conclut que la prise de possession par l'une de ces puissances provoquerait une guerre continuelle entre elle et les républiques voisines, d'un côté, et les Indiens de l'autre. Cette dernière appréciation pourrait être vraie si une nation européenne, quelle qu'elle fût, essayait de fonder, sous sa propre domination, une colonie en Araucanie et en Patagonie. Mais cela n'est pas. Je n'offre rien de pareil à personne, et je ne sollicite le *protectorat* d'aucun gouvernement. L'appui dont j'ai besoin est uniquement, de la part du commerce un appui matériel, de la part des États un appui moral. Les peuples qui m'ont choisi pour chef avec le titre de roi, étant absolument indépendants, n'entendent à aucun degré aliéner leur indépendance.

En second lieu, l'on croit qu'il s'agit pour moi de conquérir les Araucans et les Patagons. C'est là une autre erreur, puisque, comme je l'ai dit et prouvé, ces peuples m'ont librement élu, proclamé et acclamé roi sans nulle pression intérieure ni extérieure, mais par le seul fait de leur propre volonté.

Il n'y a donc, *de ma part,* aucune conquête à entreprendre. J'ai conquis pacifiquement mes États et les cœurs de mes peuples.

On objecte encore ceci : — « Si un chef arabe, des tribus ennemies de la France, allait demander des secours à l'étranger pour faire la guerre à la France, pensez-vous que le gouvernement français n'emploierait pas son influence et ne ferait pas tous ses efforts en vue de s'y opposer? » C'est vrai, et ce serait légitime. Mais il n'y a nulle similitude à établir. Je ne cherche ni n'ai jamais cherché des appuispour faire la guerre au Chili et à la

Plata. De concert avec ceux qui m'ont élu et qui ne reconnaissent d'autre autorité que la mienne, je me préoccupe seulement de faire reconnaître mon gouvernement par les puissances étrangères et de créer des relations de commerce et d'amitié entre elles et mes sujets.

D'ailleurs, il m'est facile de répondre que si des Arabes, indépendants de *fait* comme de *droit* de toute domination française, reconnaissaient un chef avec le titre de roi et que ce roi fît proposer au gouvernement de la République de conclure un traité de paix, d'établir des relations avantageuses aux deux parties et de faire cesser des guerres désastreuses, le devoir et les intérêts de la France seraient assurément d'accepter sans hésitation ce nouvel état de choses.

De même, l'intérêt et le devoir bien entendu des républiques du Chili et de la Plata, comme de toutes les autres puissances, sont de reconnaître le gouvernement fondé par les Araucaniens et les Patagons, peuples qui, durant plusieurs siècles, ont donné des preuves d'une valeur éprouvée et d'une volonté inébranlable.

De plus, mes ennemis ont cherché à accréditer dans l'opinion publique que j'ai été chassé par ceux-là même qui m'ont élu roi.

C'est là un grossier mensonge dont il convient de faire justice.

Avant de quitter mon royaume, il a été décidé en conseil, après de longues délibérations, que je me rendrais en Europe investi de pleins pouvoirs et avec la mission de faire reconnaître l'indépendance de l'Araucanie et de la Patagonie, et d'établir des relations d'amitié et de commerce avec les puissances étrangères.

Au moment de partir, j'ai nommé, pour gérer les affaires du royaume pendant mon absence,. un Conseil de régence composé de tous les membres de mon ministère.

J'ai la profonde conviction que je parviendrai à faire comprendre la nature de ma mission, et que, avec l'aide de Dieu, il me sera donné de l'accomplir.

Paris. — Imp. DEBONS et Cᵉ, 16, rue du Croissant.

Paris. — Imp. V. D[...] 19 Croissant